# DIE CONTENT SCHMIEDE

10 CONTENT MARKETING TECHNIKEN, UM TÄGLICH HEISSEN CONTENT ZU SCHMIEDEN UND DIE KONKURRENZ ZU KNECHTEN

WALTER EPP

SCHREIBSUCHTI

ISBN: 9798417622182

**Bibliografische Information der Deutschen Nationalbibliothek**

Die Deutsche Nationalbibliothek verzeichnet diese Publikation in der Deutschen Nationalbibliografie; detaillierte bibliografische Daten sind im Internet über http://www.dnb.de abrufbar.

Autor: Walter Epp

Cover Illustration Design: MartinMalchev
Cover Gestaltung: Viktoria Gepfner

Erschienen im Selbstverlag:

Schreibsuchti GmbH, Walter Epp, Saarner Straße 20, 47269 Duisburg

# INHALT

# 10 TECHNIKEN, UM EINZIGARTIGEN CONTENT ZU ERSTELLEN, DER DICH REICH UND BERÜHMT MACHT

Die Menschen lächelten.

Das Publikum tuschelte und kicherte, während sich Dick Fosbury zum Hochsprung bereit machte. Noch wussten die Zuschauer nicht, dass er am 20. Oktober 1968 den Sport für immer verändern würde.

Fosbury war bereits in der amerikanischen Olympiaausscheidung aufgefallen, indem er anders sprang als alle anderen.

Er sprang irgendwie komisch.

Ja fast schon lächerlich.

Wie?

Er sprang rückwärts über die Latte, während alle anderen Springer die Latte vorwärts überquerten.

Dafür erntete Dick Fosbury zuerst Skepsis und auch paar Lacher, doch bei den Olympischen Spielen in Mexiko im Jahre 1968 brachte er alle Kritiker zum Schweigen.

Er gewann Gold.

Sofort gab man der Technik auch einen Namen: der Fosbury Flop.

Dank des Fosbury Flops wurde auch Ulrike Meyfarth 1972 im Alter von 16 Jahren Überraschungsolympiasiegerin.

Spätestens dann gab es keine Zweifel mehr an dieser Technik, alle anderen Springer begannen sie anzuwenden und heute ist der Fosbury Flop der Standard im Hochsprung.

So wie Dick Fosbury habe ich mich vor vielen Jahren auch gefühlt.

Ich gab mein Buch „Der Content Terminator" verschiedenen Personen zum Probelesen. Eine Lektorin war schockiert über die kurzen Absätze und die fehlenden Verben.

Eine Designerin nannte das Buch einen Albtraum für ihre Augen.

Einige kritisierten den schwarzen Stoff des Buches.

Andere den Preis.

Doch eine Sache stimmte an dem Buch:

Das Ergebnis.

Die Ergebnisse, die meine Leser, Kunden – und auch ich selbst – mit den Methoden erzielten, sprachen für sich.

Mittlerweile hat sich das Buch zigfach verkauft, wird weiterempfohlen und ist auf dem besten Weg der „Fosbury Flop" des Content Marketings zu werden.

Doch eine Sache verriet Dick Fosbury seinem Publikum nicht: Er war nicht der Erste.

10 Jahre zuvor war es Fritz Pingl, der diese Technik vorstellte, aber niemals berühmt wurde, weil er nicht an großen Turnieren teilnahm.

Und so blieb im Buch „Der Content Terminator“ ebenfalls eine Frage offen.

Es ist die Frage, die mir am häufigsten gestellt wird:

„Woher nimmst du deine Ideen?“

Die Content Schmiede ist die Antwort auf diese Frage.

Ich zeige dir, wie ich ständig neue Ideen finde, die noch nie jemand vor mir hatte.

Warum Content „Schmiede“?

Weil ein Schmied ein Stück Metall nimmt und daraus etwas komplett Neues erschafft. Er kann aus Stahl eine Axt, ein Messer oder eine Halskette herstellen.

Das Material ist das Alte.

Das Ergebnis vollkommen neu und einzigartig.

Das ist das Konzept meiner Techniken: Ich nehme altes Material – Dinge, die schon existieren – und mache daraus etwas komplett Neues.

Diese 10 Techniken, die ich selbst täglich verwende, möchte ich dir in diesem Buch beibringen.

Viele Techniken in diesem Buch fühlen sich an wie der Fosbury Flop – ungewohnt und gewagt.

Doch schaue auf die Ergebnisse.

Du wirst merken, wie dein Content so auffällig wie ein Leuchtturm in der Nacht wird.

Du wirst Liebesbriefe von Lesern und Zuschauern erhalten.

Dein Expertenstatus und deine Bekanntheit werden sich erhöhen.

Deine Konkurrenz wird machtlos deinen Erfolg bestaunen, als hätte sie der Ring Saurons geknechtet.

Diese Techniken habe ich alle schon selbst ausprobiert und deshalb sind sie auch feuererprobt. Diese Techniken kommen nicht aus einem sterilen Labor, sondern direkt aus der glühenden Hitze meiner Content-Schmiede.

Die Kapitel sind aus demselben Grund besonders kurz gehalten: Damit du die Techniken sofort umsetzen kannst. Hier soll Content geschmiedet werden – das Reden überlassen wir den anderen.

Also:

Wenn du lernen möchtest, wie du unendlich viele Ideen entwickeln und immer wieder mit originellem Content dein Publikum überraschen kannst, dann lies weiter.

Ich mache aus dir einen Content Schmied.

Ziehe bitte deine Schutzkleidung an.

Ich schmeiße den Ofen an.

Jetzt wird es heiß.

# TECHNIK 1

## WIE ICH JEFF BEZOS ZU MEINEM CONTENT-LIEFERANTEN GEMACHT HABE

Vor vielen Monden hieß der Internetgigant Amazon noch ganz anders.

Der Gründer Jeff Bezos nannte das Unternehmen zunächst "Cadabra" – wohl in Anlehnung an den Zauberspruch Abra Cadabra.

Doch dann passierte etwas, das die Geschichte des Unternehmens für immer verändern sollte:

Als Jeff Bezos seinem Anwalt den Namen vorstellte, verstand dieser "Kadaver".

Natürlich wollte Bezos nicht, dass sein Unternehmen mit toten Tieren assoziiert wird und so suchte er schnell nach einem neuen Namen, der keine Missverständnisse hervorrief.

Da er wollte, dass sein Unternehmen im Telefonbuch und in Suchverzeichnissen ganz oben auftauchte, suchte er ein Wort, das mit dem Buchstaben A anfängt.

So fand er im Wörterbuch das Wort Amazonas und entschied sich, sein Unternehmen Amazon zu nennen, da er auch

Unmengen an Produkten transportieren wollte – wie der Amazonas Unmengen an Wasser transportiert.

So wurde Amazon zu Amazon.

Warum erzähle ich dir diese Geschichte?

Weil Amazon nicht nur ein Fluss von Produkten ist, sondern auch eine endlose Quelle für Ideen.

Wenn du weißt, wie du die Amazon-Methode verwenden kannst, dann wirst du nie wieder ohne Content-Ideen dastehen.

Diese Methode verwende ich schon seit Jahren.

### Wie funktioniert dieser Amazon-Trick?

Ganz einfach:

1) Suche auf Amazon nach deinem Thema.

2) Klicke auf die Bücher mit den meisten Bewertungen oder mit dem Bestseller-Banner.

3) Verwende bei diesen Büchern dann die "Blick ins Buch" Funktion.

So kannst du mit einem Klick das Inhaltsverzeichnis des Buches sehen.

Und siehe da: Du hast plötzlich eine Fülle an Vorschlägen für neue Blogartikel, Podcast-Folgen oder YouTube-Videos.

Denn die Überschriften der einzelnen Kapitel sind praktisch die Vorlage für deinen Content.

Wenn ich zum Beispiel „Finanzielle Freiheit“ auf Amazon eingebe und auf das erstbeste Buch klicke, dann sehe ich folgende Überschriften im Inhaltsverzeichnis:

- Der Wachstumsansatz
- Aktien sind Wertpapiere
- Chart-Analyse
- ETFs
- Zyklisch und antizyklisch investieren

Das sind jetzt erstmal nur Stichworte. Was kann ich damit anfangen?

Sehr viel.

Denn somit weiß ich schonmal, dass diese Themen grundsätzlich Menschen interessieren.

Warum ich nicht die Google-Suche dafür verwende?

Ganz einfach: Ein Buchautor macht sich sehr viele Gedanken, was er in sein Buch schreibt – und was nicht. Das heißt, wenn es einen Platz im Buch gefunden hat, dann ist es auch ein Thema, das Menschen grundsätzlich interessiert.

Außerdem kannst du bei einer Google-Suche das wahre Interesse der Menschen nicht erkennen – vielleicht bist du der Einzige, der nach „chinesischer Töpferkunst des 12. Jahrhunderts“ googelt.

Doch auf Amazon hast du die Sterne-Bewertungen und den Verkaufsrang des Buches. Das sagt viel mehr aus als ein Blogartikel, der sich im Internet verlaufen hat. Sprich: Da wo das Geld fließt, da ist auch das Interesse. Und auf Amazon erkennst du sehr gut, wohin Geld fließt – und wohin nicht.

**„Ich stehe auf Kurven"**

So, wie geht es jetzt weiter? Bisher haben wir ja nur ein paar Stichworte.

Das ist auch gut so. Klaue niemals gesamte Zwischenüberschriften aus anderen Büchern. Du sollst dich inspirieren lassen, kein Content-Dieb werden.

Diese Stichworte verwende ich jetzt für meine neuen Content-Stücke, die dann in etwa so klingen könnten:

- Der Wachstumsansatz: Machst du auch diesen Rechenfehler?
- Was sind Wertpapiere? Und was nicht?
- Chart-Analyse: Wie du aus komischen Kurven schlau wirst

Du siehst: Ich stoße mich nur von dem Stichwort ab, gebe dem gesamten aber meine eigene Richtung und meine persönliche Note.

Kleiner Tipp:

Wenn du Blogartikel schreibst, die bei Google gefunden werden sollen, dann solltest du die Stichworte ebenfalls in die Überschrift schreiben.

Bei Newslettern hingegen kannst du mehr mit Neugier arbeiten. So kannst du zum Beispiel das Wort „Chart-Analyse" weglassen (viele finden das Wort langweilig und abstoßend) und stattdessen folgenden Newsletter-Betreff verwenden:

„Ich stehe auf Kurven"

Das sorgt auf jeden Fall für Neugier. Später erklärst du, dass du Chart-Kurven liebst, weil du aus ihnen so viele Informationen gewinnen kannst.

Und siehe da: Fertig ist dein neues Gericht.

Die Vorauswahl, was wichtig ist und was nicht, das machen die Amazon-Autoren für dich.

Du nimmst diese Auswahl und kreierst deinen Content dazu.

Klar, damit bist du nicht „neu“. Aber das musst du auch nicht sein. Denkst du vor Starbucks gab es keinen Kaffee zum Mitnehmen?

Du musst nur anders sein – oder besser. Am besten beides.

So habe ich meinen Blog schreibsuchti.de viel später gestartet als andere Schreibratgeber. Und doch habe ich sie auf Google, Facebook und anderen Plattformen überholt.

Qualität – verbunden mit einer schlauen Strategie – setzt sich durch.

## Wie du viele Blicke mit langweiligen Stichworten gewinnen kannst

Zurück zur Amazon-Technik.

Ich habe das nochmal mit dem Thema "Muskelaufbau" durchgespielt.

Allein im ersten Buch habe ich durch diese Methode diese Ideen gefunden:

- Was ist die perfekte Trainingsdauer für Muskelaufbau?
- Ist zu viel Eiweiß schädlich?

- Was haben meine Gene beim Muskelaufbau zu sagen?

So kannst du die obigen Ideen zum Beispiel umschreiben:

- Wie du mit der Stopp-Uhr-Technik die optimale Trainingsdauer für den Muskelaufbau findest (hier habe ich eine neue Zutat hinzugefügt - die Stopp-Uhr)
- Wie ich mit zu viel Eiweiß meine Gesundheit zerstört habe (persönliche Geschichte)
- Warum du niemals wie Arnold Schwarzenegger aussehen wirst – selbst wenn du trainierst wie er (Die Headline ist für das Google-Ranking nicht ideal, aber dafür emotional und eher für die sozialen Medien gedacht)

Merkst du den Unterschied?

Zwischenüberschriften in Büchern sind meist langweilig und abstrakt, aber zugleich perfekte Lieferanten für Content-Ideen.

Mache sie persönlich, emotional und erzeuge Neugier.

Dann werden dir – solange Amazon existiert – niemals die Ideen ausgehen.

In diesem Sinne: Danke Jeff.

# TECHNIK 2

## WIE DU MIT DER FORT-KNOX-METHODE EINZIGARTIGEN UND KOPIERSICHEREN CONTENT ERSTELLEN KANNST

1862 wurde die berühmteste Festung der Welt errichtet: Fort Knox. Heute ist das Fort für seine Goldreserven bekannt, die im Bullion Depository gelagert werden.

Dieser Goldspeicher gehört zu den sichersten Gebäuden der Welt. Schließlich werden dort rund 157 Milliarden Dollar in Form von Gold aufbewahrt.

Was wäre, wenn ich dir sagen würde, dass es einen Weg gibt, Content zu erstellen, der so sicher ist wie das Gold in Fort Knox?

Wäre es nicht großartig, wenn niemand deine Content-Ideen klauen könnte?

Und wenn du ständig neues Content-Gold in diesen Speicher bringen könntest?

Du kannst.

Dafür gibt es eine zeitlose Methode.

Und zwar musst dabei die einzigartigste Ressource anzapfen, die du hast: deine Erfahrung.

Die Lösung ist damit Folgende:

Einzigartige Erfahrungen führen zu einzigartigem Content.

Um eine einzigartige Geschichte zu erzählen, erzähle deine Geschichte.

Der beste Weg, um Content zu erstellen, den es an keinem anderen Ort gibt, ist deine eigene Erfahrung zu benutzen.

Dann kann auch niemand abschreiben. Solch eine Form von Content kann dir keiner klauen.

Dieser Content ist absolut diebstahlsicher.

Hier ein paar prominente Beispiele:

**1) "Why James Chartrand Wears Women's Underpants"**

Hier outet sich der Autor James Chartrand. In Wirklichkeit ist er kein Mann, sondern eine Frau. "James" hat unter diesem Pseudonym geschrieben, weil es ihr als Frau schwer fiel, Fuß in der Texter-Branche zu fassen. Da sie es satt hatte, als weibliche Werbetexterin nicht ernst genommen zu werden, erfand sie ein männliches Pseudonym – und wurde damit bekannt und erfolgreich.

Welcher Texter kann schon diese Headline klauen? Ich nicht.

Solch eine Überschrift ist so selten wie ein weißer Tiger und kann nicht einfach "übernommen" werden wie eine lahme "5 Tipps für Texter"-Headline.

### 2) "Our Adoptive Children's Mom Died. Here's the Biggest Lesson Learned"

Diesen Artikel hat Benjamin Hardy geschrieben. Er ist Bestseller-Autor und einer der erfolgreichsten Blogger auf der Webseite Medium.com. Dieser Fall zeigt: Auch negative Erlebnisse können als Content-Idee dienen.

Und solch ein negatives Erlebnis haben die Wenigsten erlebt. Solch eine Headline wird dir so schnell keiner klauen – weil sie es einfach nicht können.

Außerdem haben viele Content-Creator nicht den Mut, über solch sensible Themen zu schreiben.

### 3) "Wie du in einer Welt voller "Likes" mehr Zeit, Ruhe und Fokus findest"

Das ist mein Artikel. Ich habe ihn für Healthy Habits geschrieben. Im Artikel erzähle ich, wie ich ohne Facebook lebe und deshalb mehr Zeit, Ruhe und Fokus habe. Im Artikel rede ich nicht von Theorien oder Studien, sondern von meiner Erfahrung ohne Social Media. Dieser Content ist schwer zu kopieren, weil die wenigsten Menschen ihre Social-Media-Profile gelöscht haben.

Als Blogger, der ein bekennender Anti-Social-Media-Evangelist ist, falle ich auf wie eine Nonne im Rocker-Club. Das erhöht nicht nur die Diebstahlsicherheit meines Contents, sondern sorgt vor allem für einen hohen Wiedererkennungswert.

Wenn mir Menschen begegnen, dann sagen sie oft: „Bist du nicht dieser Instagram-Gegner?“

Willst du aus der Masse herausstechen wie eine Kerze auf der Torte, dann schreibe über einzigartige Erfahrungen, die nur du zu berichten hast.

**Fazit:**

Wenn du unverwechselbare Artikel schreiben willst, erlebe einzigartige Dinge. Probiere viel aus und schreibe über deine Erfahrungen. Krame in deiner Vergangenheit. Erzähle Geschichten aus deiner Kindheit.

In meinem Buch "Der Content-Terminator" gebe ich auch 50 Inspirationen für mögliche Geschichten wie "dein erster Kuss" oder "dein erstes Auto".

Solchen Content kann dir niemand klauen.

Weitere Beispiele aus meinem Blog:

"Wie ich nur einen Fehler machte und 2700 Euro verlor"

"Meine 5 dümmsten Fehler beim Geld verdienen, die mich Zeit, Geld und Autorität gekostet haben"

"29 Dinge, die ich nach 10 Jahren Bloggen gelernt habe – auch auf die harte Tour"

"30 erprobte Wege, deine E-Mail-Liste aufzubauen" (das entscheidende Wörtchen ist hier "erprobt")

Frei nach dem Zitat von Benjamin Franklin möchte ich dich deshalb ermutigen:

Lebe ein Leben, über das es sich zu schreiben lohnt.

**Pro-Tipp**

Das heißt nicht, dass du waghalsige Abenteuer eingehen musst oder nackt durch die Innenstadt laufen musst.

Es sind oft die alltäglichen Dinge, die Menschen ansprechen. Deine gescheiterte Führerscheinprüfung oder deine Einschulung sind meist spannender als eine Wanderung über die Alpen, weil sich mehr Menschen darin wiederfinden.

Hier liegt die Kunst nicht in dem, was du erlebst, sondern "wie" du es erzählst. Wenn du die Kunst des Storytelling meistern willst, dann empfehle ich dir mein Buch „Der Content Terminator" – dort zeige ich dir die 5 Geheimnisse des Geschichtenerzählens.

Plus:

Spreche nicht nur über erfolgreiche Experimente, sondern auch über gescheiterte.

Menschen lieben Geschichten von Menschen, die auf die Nase gefallen sind. Einerseits wegen der Schadenfreude, aber auch weil es dich zutiefst menschlich und damit interessant macht.

Wer mag schon glattpolierte Persönlichkeiten à la Barbie & Ken?

# TECHNIK 3

## DIE ARCHIV-METHODE, UM SOFORT BELIEBTEN CONTENT ZU ZU ERSTELLEN – OHNE ZU RATEN

Bobby Darin war einer der erfolgreichsten Musiker der 50er und 60er Jahre.

Sein Ziel war es ursprünglich „alte Klassiker" neu aufzunehmen. Aber kein Studio akzeptierte ihn oder seine Idee – das Interesse des Publikums war einfach nicht vorhanden. Seine ersten Singles waren keine großen Erfolge.

So steckte er jahrelang erfolglos im Musik-Business fest.

Schließlich änderte Bobby Darin seine Strategie.

Zu der Zeit war gerade der „Motown Rock and Roll" voll im Trend.

Also Schrieb Bobby Darin einen Song genau in diesem Stil. Gerüchte besagen, dass er für den Song nur 12 Minuten gebraucht haben soll.

Warum?

Er nahm einfach Elemente aus beliebten Songs, vermischte sie und erschuf damit ein Lied, das sofort zum Publikumsliebling wurde.

Sein Song „Splish Splash" wurde zum Millionen-Hit.

Danach hatte Bobby Darin das Geld und die Zeit, seinen wahren Traum zu verfolgen – in die Fußstapfen des großen Frank Sinatra zu treten.

Was du als Content-Creator von Bobby Darin lernen kannst?

Geh dem Markt nicht gegen den Strich.

Schau, was der Markt bereits liebt und produziere etwas, das ihm gefällt. Gib dein Ego und deinen Stolz an der Garderobe ab und sei demütig genug, vom Markt zu lernen.

Später wenn du reich und berühmt bist, dann kannst du produzieren, was DU willst. Doch bis zu diesem Tag musst du produzieren, was der Markt will.

Wie?

Dazu benutze ich die „Archiv-Technik."

Ich weiß: Das Wort "Archiv" ist wie eine Schlaftablette. Es bringt die meisten Menschen dazu abzuschalten und einzuschlafen.

Doch bleib dran.

Dann zeige ich dir, wie ein schnödes "Archiv" zu einer Goldgrube werden kann, in der du ständig neue Content-Nuggets findest.

Bist du bereit?

Hier ist der Trick:

Ich gehe regelmäßig durch mein Newsletter-Archiv und schaue mir die Öffnungsrate der einzelnen Newsletter an.

Dann mache ich mir Notizen zu den "erfolgreichen" Betreffzeilen.

Ich frage mich: Warum wurde diese E-Mail so oft geöffnet?

Was ist der Unterschied zu den "erfolglosen" E-Mails?

So war einer meiner meistgelesenen Newsletter die E-Mail mit dem Betreff:

"Die Dumm-und-Faul Regel."

Ich fragte mich, warum diese Mail so gut ankam.

Die Lösung?

Es sind drei sehr emotionale Wörter in nur einem kurzen Satz. Drei Schläge ins Gesicht.

Dumm = Der Leser möchte wissen, wer dumm ist. Ist er es? Bin ich es? Kann er es vermeiden als dumm dazustehen, wenn er die E-Mail liest?

Faul = Niemand möchte als faul gelten. Er klickt rein, um zu sehen, wer faul ist. Und warum.

Regel = Wenn der Mensch eine Warteschlange sieht, dann stellt er sich automatisch hinten an. Er beachtet die Regeln. Regeln sind wichtig, sonst wird man bestraft. Deshalb will der Mensch alle Regeln kennen. Klick.

Diese drei Dinge habe ich aus meiner E-Mail gelernt.

Und das hilft mir in Zukunft weiterhin emotionalen und interessanten Content zu erstellen.

Beispiele:

"Meine 5 **dümmsten** Fehler beim Geld verdienen"

"Wie ich als **fauler** Blogger 3000 Euro pro Monat verdient habe"

"24 **Regeln**, um erfolgreich zu bloggen"

Was heißt das für dich?

Schau in deine Archive.

Lerne aus deinen alten Artikeln, Newslettern und Videos.

Was wurde geklickt?

Was löste Emotionen aus?

Was wurde geteilt?

Was wurde kommentiert?

Verstehe das Prinzip dahinter und produziere mehr davon.

Dein eigenes Archiv ist besser als das Archiv anderer Blogger und Content-Creator.

Warum?

Weil du dadurch verstehst wie DEINE Zielgruppe tickt. Was bei einem "Make-Money-Online"-Guru funktioniert hat, muss nicht bei dir funktionieren. Es kann sogar ordentlich in die Hose gehen.

Orientiere dich an deinem Markt – nicht am Markt anderer.

Finde den Sieger-Content.

Verstehe das "Warum". Finde ein Muster.

Dann folge dieser Spur und erschaffe mehr davon.

### Pro-Tipp

Doch was, wenn du noch neu im Content-Spiel bist?

Wenn du noch kein Content-Archiv hast?

Ich bin kein Fan davon, die Konkurrenz auszuspionieren. Ich bin dafür, dass jeder mit Scheuklappen an seinem Content arbeitet – nur so kommen einzigartige und gute Content-Meisterwerke auf die Welt.

Doch in diesem Fall – wenn du neu am Start bist und nicht weißt, welcher Content ankommt und welcher nicht – dann rate ich dazu, die Konkurrenz ins Auge zu fassen.

Dazu gibt es eine einfache Methode:

Finde einen Konkurrenten, der die gleiche oder eine ähnliche Zielgruppe hat wie du.

Analysiere, welcher Content besonders gut angekommen ist.

Klar, die genauen Klicks kannst du nicht sehen, aber du kannst sie mit Online-Tools schätzen.

Deshalb schau auf Kommentare, auf die Anzahl der Shares in den Sozialen Medien und auf die Klicks auf Youtube.

So bekommst du ein Gefühl dafür, welcher Content gut ankommt und welcher nicht.

Aber Achtung: Nicht einfach die "erfolgreichen" Themen klauen, sondern wie oben schon gesagt, verstehen.

Frage dich:

Warum kam dieser Content gut an?

Welche emotionalen Wörter wurden benutzt?

Welches Element machte neugierig?

Welches Gefühl erzeugte die Headline?

Hier ist ein Beispiel, wie du aus fremden Content eigenen Content erstellen kannst:

Vor vielen Jahren bin ich mal über einen Artikel gestolpert, der sofort meine Aufmerksamkeit hatte: „50 things writers shouldn't do".

Da dachte ich mir: Wieso mache ich das nicht für meine Zielgruppe? Nur noch ausführlicher und lustiger.

Das Ergebnis?

Einer der erfolgreichsten Artikel aller Zeiten auf meinem Blog: „50 Dinge, die Blogger 2016 nicht mehr tun sollten".

Er wurde über 1.000 Mal in den Sozialen Medien geteilt und hat mehr als 160 Kommentare.

Warum war dieser Artikel so erfolgreich?

Welche Prinzipien habe ich für die Zukunft abgeleitet?

Hier meine Antworten:

1) Die Zahl sorgt dafür, dass der Leser das Gefühl von Vollständigkeit hat. Plus: Viele Menschen lieben Listen, weil sie leicht zu konsumieren sind und den Anschein eines systematischen Ansatzes haben. Plus: Große Zahlen funktionieren meist besser als kleine Zahlen.

2) Das kleine Wörtchen „Blogger" sorgt dafür, dass die Zielgruppe sofort klar ist und sich angesprochen fühlt.

3) Die „Dinge“ machen neugierig. Welche Dinge sind das?

4) Das "nicht tun sollten“ spricht die Angst des Lesers vor Ablehnung an. „Warum sollte er etwas nicht tun?“ Das Verlangen nach Sicherheit und Annahme lässt ihn schließlich klicken.

5) Die Jahreszahl machte den Content relevant und aktuell (Ich hatte den Artikel Ende 2015 geschrieben)

Merkst du, was ich gerade getan habe?

Ich habe die Headline in einzelne Elemente gegliedert und nach ihrer Wirkung sortiert.

Wenn du so dein Archiv durchstöberst, dann wirst du dort unendlich viele Ideen finden.

Wenn du kein Archiv hast, dann lass dich von der Konkurrenz inspirieren.

Wichtig: Nicht einfach abschreiben.

Analysieren.

Verstehen.

Etwas Neues ins Leben rufen.

Voilà.

**Tool-Tipp**

Ich bin kein Freund von Tool-Tipps, weil sich Tools ständig ändern.

Deshalb gebe ich hier nur eine kleine Anleitung, wonach du suchen solltest, anstatt dir einfach ein paar Namen von Tools zu nennen.

Suche nach Tools, die "Content Analyse" oder "Konkurrenz Analyse" oder "Social Media Analyse" anbieten. Suche vor allem auch auf Englisch, weil die meisten Tools aus dem anglo-amerikanischen Raum kommen.

Ich habe zur Konkurrenzanalyse die Tools Ahrefs, Semrush, Similarweb und Buzzsumo verwendet. Aber wie gesagt: Je nachdem, wann du dieses Buch liest, könnten sich die Tools schon gewandelt haben. Also nutze diese kleinen Tool-Empfehlungen nur als grobe Orientierung.

Am Ende sind Tools auch nur Werkzeuge.

Entscheidend ist, dass du strategisch und intelligent recherchierst.

Und noch ein kleiner Tipp: Fast alle Tool-Anbieter veröffentlichen regelmäßig Studien und Analysen zu ihren Themen. Da solltest du immer die Augen offen halten.

So hat Buzzsumo im Jahr 2021 eine sehr detaillierte Studie veröffentlicht, in der sie die „meistgeteilten Überschriften" analysiert haben. Die Studie ist mehrere Seiten lang und kostenlos. Gerade wenn du neu im Content-Spiel bist und kein eigenes Archiv hast, dann ist solch eine Analyse viel wert. Du findest die besagte Studie über eine einfache Google Suche.

Wie bereits erwähnt: Erkenne das Muster. Kopiere niemals blind. Passe es immer an deine Zielgruppe und deinen Markt an.

## TECHNIK 4

### WIE DU MIT "BLUTIGEM“ CONTENT IMMER INS HERZ DEINES PUBLIKUMS TRIFFST

Er wurde nicht erfolgreich geboren.

Ganz im Gegenteil: Seine ersten Auftritte waren sehr kurz. Er musste sie frühzeitig abbrechen, weil ihn das Publikum ausbuhte.

Wie ging es weiter?

Kevin gab nicht auf, versuchte es weiter, doch ohne großen Erfolg. Er erzählte seine Witze immer nur vor kleinem Publikum.

Eines Tages traf er Keith Robinson – ebenfalls ein Komiker und Veteran im Stand-Up-Business.

Nach einer von Kevins Shows, zog er ihn beiseite und gab ihm folgenden Rat:

„Ich habe schon mehrere deiner Auftritte gesehen, aber ich weiß immer noch nichts über dich. Du musst deine Comedy aus deinem Leben ziehen, so dass es nur nach dir klingt.“

Der Ratschlag hatte gesessen.

Seitdem baute Kevin seine Shows um und fokussierte sich auf seine persönlichen Niederlagen, Misserfolge und Schwächen. Das wurde auch am Titel der Shows sichtbar: Mit seiner Show „Laugh At My Pain" spielte er 2011 rund 15 Millionen Dollar ein.

In seinen Shows sprach er darüber, wie es ist, ohne Freundin zu leben. Wie es ist, wenn die Frau größer ist und wie es sich anfühlt, wenn der Sohn dich zuhause im Ehebett „erwischt".

Er erzählte eine peinliche Geschichte nach der anderen.

Das Ergebnis?

Er wurde zu einem der erfolgreichsten Alleinunterhalter der Neuzeit.

Die Rede ist von Kevin Hart.

Was hatte er geändert?

Er fing an von Herz zu Herz zu sprechen.

## Warum „blutiger Content" so effektiv ist

Beim Bestseller-Autor James Altucher habe ich mal folgenden Satz gelesen:

"What bleeds that leads."

Bedeutet: Wenn du dein Herzblut in deine Texte steckst, dann hören Menschen zu.

Heißt für dich: Schreibe von Herz zu Herz.

Goethe sagte dazu: „Es muss von Herzen kommen, was auf Herzen wirken soll."

Herz-zu-Herz-Content sind die wirklich effektiven Blogartikel,

Videos und Podcasts, die rumgereicht werden. Die die Jahre überdauern. Und die Menschen dazu bringen, dir zu folgen.

Vergiss nicht: Grund #1, warum Menschen Blogs lesen ist Inspiration.

Klar, auch um etwas zu lernen.

Doch in erster Linie wollen Menschen nicht belehrt werden, sondern berührt.

Die Frage ist:

Wie erschaffst du Content, der blutet?

Hier sind drei Wege:

**1) Deine Kindheit**

Gehe zurück in deine Kindheit. Erinnere dich an traumatische Erlebnisse, an deine Ängste oder deine Träume.

So schrieb John Caples eine der berühmtesten Werbeanzeigen der Welt "They laughed when I sat down at the piano", weil es schon immer sein Traum war Klavier zu spielen und er dieses tiefe Verlangen in Worte fassen konnte.

Er griff einen alten Kindheitstraum auf – und traf damit ins Herz vieler Menschen, die heimlich den Wunsch hegten, Klavier spielen zu lernen.

Außerdem berührte er die Urangst des Menschen vor Ablehnung.

Welche geheimen Wünsche hattest du als Kind? Schreibe darüber und leite dann über zu dem, was du eigentlich sagen willst.

Hier ein Beispiel:

„Ich erinnere mich noch gut. Jeden Samstag stand ich früher auf und schaltete voller Erwartung den Fernseher ein. Dann sah ich es: Das Disney-Schloss und die kleine Fee. Sofort kam Vorfreude in mir auf. Bestimmt hattest du ähnliche Erlebnisse in deiner Kindheit. Die Frage ist nur: Wie hat Disney es geschafft, mich derart in seine Welt zu entführen? Und die Frage gilt auch heute für die Geschäftswelt: Wie kannst du als Unternehmer deinen Kunden solch ein Erlebnis bieten, dass sie gerne wiederkommen und auch noch ihre Freunde mitbringen?"

Siehst du, was ich getan habe?

Ich habe mit einem Kindheitserlebnis begonnen und die Brücke zu meinem eigentlichen Thema geschlagen: die Optimierung des Kundenerlebnisses.

Ich hätte auch mit einer langweiligen Binsenweisheit starten können, womit ich 99 Prozent aller Leser verloren hätte: „Das Kundenerlebnis ist wichtig. Deshalb wundert es nicht, dass viele Unternehmer dieses verbessern möchten…".

Ich höre lieber auf.

Sonst schlägst du dir noch die Stirn an der Tischkante auf, weil du eingeschlafen bist.

Starte niemals mit Binsenweisheiten.

Beginne mit Herz-zu-Herz.

Und schlage eine Brücke zu deiner Kernaussage.

## 2) Niederlagen

Schau auf deine größten Niederlagen. Im Internet gibt es genug glatt polierte Schönheiten, die mit Lamborghinis am Strand posieren.

Solche Menschen werden schnell langweilig. Weil sie perfekt sind. Der "normale" Leser kann sich nicht mit ihnen identifizieren. Dagegen sind Menschen mit Macken interessant.

So schreibt James Altucher regelmäßig Überschriften wie:

„I lost 5 Million Dollars this Morning"

„WHY I AM NEVER GOING TO OWN A HOME AGAIN"

Auf seiner Startseite schreibt er: „Ich habe 20 Unternehmen gegründet. Davon sind 17 gescheitert."

Das ist Content, der von einem Herzen aus Fleisch und Blut kommt. Mit Macken, Rissen und Wunden.

Stan Lee meisterte diese Technik hervorragend. Er revolutionierte die Comic-Welt und machte Marvel zu einem Milliardenkonzern.

Wie?

Stan Lee begann seinen Superhelden viele Schwächen und Macken zu verleihen. So ist die Geschichte über Peter Parker viel spannender als die Geschichte über Spider Man. Warum? Weil Peter Parker viele Probleme hat, mit denen sich ein „normaler" Mensch identifizieren kann. Parker hat Probleme in der Schule, mit Lehrern und mit Mädchen.

Stan Lee machte die Superhelden weniger super.

Und das war der Schlüssel zum „blutigen Content", der das Herz der Leser ansprach.

Die Frage an dich lautet deshalb: Welche Schwächen kannst du offenbaren? Welche Risse gibt es in deinem Lebenslauf?

So offenbare ich meinen Lesern regelmäßig, dass ich recht faul bin, gerne in Jogginghose herumlaufe und mich niemals an Deadlines für Projekte halte.

Einmal habe ich in einem Newsletter über mein Bettnässerproblem zu Grundschulzeiten berichtet. Diese E-Mail brachte mir mehrere tausend Euro ein.

In einer anderen E-Mail erzählte ich darüber, wie ich aus einem Fitness-Studio herausgeschmissen wurde – und verdiente mit dieser E-Mail fast 3000 Euro.

Warum?

Weil ich mit „Herz zu Herz" begann, die Herzen der Leser eroberte und dann zu meinem eigentlichen Anliegen wechselte: dem Verkauf meines Kurses.

So erntete ich zwei Dinge: Geld und Liebe.

### 3) Wut

Was macht dich wütend?

Was kotzt dich so richtig an?

Eine der besten Methoden, um einzigartigen und interessanten Content zu erstellen, ist es sich aufzuregen und die Sau rauszulassen.

Diese Art von Content ist ehrlich, direkt und emotional.

Es ist Content aus dem Herzen.

Und dieser trifft dann auch ins Herz des Lesers.

Wenn die langweiligen Ideen im Stile "5 Schritte, um..." bei deinen Lesern nicht ankommen, dann wird es höchste Zeit für blutenden Content.

Es wird Zeit, dein Herzblut einfließen zu lassen.

Ein Beispiel aus meinem Blog: "15 Gründe, warum deine Leser nichts für dich tun" (darin erkläre ich meinen Lesern, warum ihr Blog tot ist und sich die Leser einen Dreck um den Blogger scheren).

Dieser Artikel hat mehr als 300 Kommentare.

Warum?

Ich habe mein Herzblut reingesteckt, kein Blatt vor den Mund genommen und am Ende ein waghalsiges Versprechen abgegeben.

Eine wichtige Daumenregel: Wenn du dich beim Veröffentlichen unwohl fühlst, dann ist es ein gutes Zeichen.

Es zeigt, dass du verletzlich bist.

Aber auch menschlich.

Und das ist es, was Menschen suchen.

**Pro-Tipp**

Wenn du Unternehmer bist, dann geht es dir natürlich nicht darum, einfach nur Content zu erstellen.

Du möchtest auch verkaufen.

Die Frage ist: Wie kannst du „blutigen Content" verwenden, um zu verkaufen?

Genauso wie bei allen anderen Content-Techniken auch, die ich dir hier vorstelle:

Du schlägst eine Brücke.

Du beginnst Herz-zu-Herz, leitest dann zur Moral der Geschichte über und erklärst was du dem Leser damit sagen wolltest.

Damit kommst du zu deinem eigentlichen Thema, bietest deinem Publikum eine Lösung an und machst ein Angebot.

Das könnte dann in etwa so aussehen:

„Autsch. Ich ließ die Bratpfanne fallen, weil ich mich verbrannt hatte. Noch schlimmer als meine Brandwunde am Finger war jedoch der Fleck am Boden. Die heiße Bratpfanne hatte ein schwarzes Loch in unseren Küchenboden gebrannt. Was tun? Ich war gerade mal 10 Jahre alt, doch ich erinnere mich an diesen Fall als wäre es gestern gewesen. Vor allem plagte mich die Angst: Wie erkläre ich das meiner Mutter? Vielleicht kennst du dieses Gefühl, wenn du etwas angestellt hast. Und vielleicht kennst du dieses Gefühl auch heute noch im Berufsleben, wenn dir ein Fehler unterlaufen ist und du es dem Chef berichten musst. Wie gehst du damit um? Ich verrate dir 5 einfache Techniken, mit denen du offen und souverän über Fehler sprechen kannst – ohne Schweißperlen und Panikausbrüche. Zum Schluss verrate ich dir sogar einen Trick, mit dem du Fehler sogar nutzen kannst, um deine Karriere voranzutreiben."

Siehst du das Muster?

Ich habe mit einer Situation begonnen, die fast jeder kennt und dann zu meinem eigentlichen Thema übergeleitet.

Hinten raus könnte ich dann auf ein Buch oder ein Coaching verweisen, wo dieses Thema vertieft wird.

Fertig ist die Brücke.

So gewinnt dein Content nicht nur das Herz des Lesers, sondern auch sein Geld.

## TECHNIK 5

### WIE DU TÄGLICH BESTSELLER-IDEEN DIREKT IN DEIN POSTFACH BEKOMMST

Ich erinnere mich noch gut.

Wir saßen mit der ganzen Familie am großen Familientisch und bastelten.

Meine Mutter, mein Vater und meine zwei Brüder – wir alle waren fleißig am schnibbeln, kleben und malen.

Und das an einem Freitagabend.

Warum saßen wir nicht vor dem Fernseher?

Weil eine neue Ausgabe unseres Bastelmagazins angekommen war.

Bestimmt kennst du solche Zeitschriften-Abos, die dir regelmäßig neue Ideen und Projekte zuschicken.

Meine Mutter hatte ein Burda-Abo. Wir Kinder hatten ein Bussy-Bär-Abo. Heute haben meine Kinder Zeitschriften über die drei ??? und Dinosaurier abonniert.

Warum?

Jedes Mal, wenn eine neue Ausgabe ankam, dann war das wie Weihnachten.

Natürlich hätten wir auch einfach in den Laden gehen und uns Bücher zum Basteln kaufen können, doch wir taten es nicht. Weil es bequemer und spannender war, wenn die Ideen zu uns nach Hause geliefert wurden.

Wenn die Ideen zu dir kommen und du nicht den Ideen hinterherlaufen musst, dann macht es viel mehr Spaß.

Deshalb sind Zeitschriften-Abos auch so beliebt: Jede neue Ausgabe ist ein neuer Impuls. Eine neue Motivation, deinem Hobby nachzugehen.

Das gleiche Prinzip kannst du auch als Content-Creator für dich nutzen – ohne einen Penny auszugeben.

Keine Sorge, du musst keine teuren Magazine oder Zeitschriften abonnieren, um ihren Content zu studieren (wobei es sehr fruchtbar sein kann, erfolgreiche Magazine zu analysieren).

Ich zeige dir einen Weg, der dich nichts kostet, außer etwas Zeit.

## Wie Bestseller-Ideen direkt zu dir geliefert werden

Dieser Trick ist etwas aufwändiger, aber er sorgt dafür, dass du täglich neue Ideen direkt in dein Postfach bekommst.

Hier das Rezept:

1) Erstelle dir eine neue E-Mail-Adresse, die nur für diese Methode bestimmt ist.

2) Abonniere mit dieser E-Mail die großen Blogs, Magazine und Webseiten deiner Branche.

Versuche mindestens 10 bis 20 solcher Abos abzuschließen.

So landen dann täglich oder zumindest wöchentlich E-Mails mit Ideen in diesem Postfach.

Du musst den Ideen nicht mehr hinterherlaufen – die Ideen kommen zu dir.

Wichtig: Benutze nicht deine "normale" E-Mail-Adresse, um die Konkurrenz auszuspionieren. Denn wenn du die ganze Zeit fremden Content konsumierst, dann wirst du in deiner Kreativität eingeengt, eingeschüchtert und gelähmt. Schockstarre wegen Content-Overload ist die Folge.

Deshalb solltest du unbedingt eine andere E-Mail-Adresse erstellen, in die du NICHT täglich hineinschaust, sondern die du nur abrufst, wenn du Ideen für deinen Content brauchst.

Dieses neue Newsletter-Postfach ist dann praktisch deine kleine Schatztruhe, die sich täglich und wöchentlich von selbst füllt.

### Das größte Geheimnis erfolgreicher Content-Unternehmer

Lösche keine E-Mails. Behalte sie. So wird das Postfach zu deinem "Swipe-File".

Was das ist?

Es ist das größte Geheimnis erfolgreicher Content-Creator.

In einem „Swipe-File“ sammeln Werbetexter zum Beispiel andere Werbeanzeigen, die gut verkauft haben. Sie sammeln dort Überschriften, Designs und ganze Magazine. Aber sie sammeln auch einzelne Phrasen, Sätze und Wörter.

Wozu?

Um darin zu blättern, wenn sie eine Idee brauchen. Ein Swipe-File ist eine riesige Ideenkiste voller Schätze.

Stell dir vor, ein Koch müsste jede Zutat, die er beim Kochen braucht, erstmal im Supermarkt besorgen. Für jede einzelne Zutat müsste er sich anziehen und rüberflitzen. Er würde 10 Stunden für ein Gericht brauchen.

Und genauso brauchen die meisten Content-Produzenten ewig, um ein Content-Stück fertigzustellen. Weil sie jedes Mal eine Schreibblockade haben. Beim Intro wird lange gegrübelt. Beim Ende wird nach einem tollen Spruch gesucht. Und in der Mitte fehlen die Geschichten, die dann mühsam zusammengekramt werden.

Bei mir läuft das anders: Wenn ich „Stoff" brauche – seien es Zitate, Sprüche, Geschichten, Überschriften oder Witze – dann schaue ich einfach in mein Swipe-File.

Und innerhalb von Minuten habe ich etwas passendes gefunden.

Wichtig ist, dass du ein System entwickelst, bei dem du die Sachen auch wiederfindest.

So habe ich auf meinem Smartphone 4 Notizen, die mein Swipe-File ausmachen:

- Geschichten
- Überschriften und Artikelideen
- Witze
- Sprüche und Zitate

Das sind die vier großen Kategorien, die ich für mich erstellt habe.

Du kannst gerne dein eigenes System entwickeln. Entscheidend ist, dass du den richtigen Stoff schnell findest.

**Was tun mit diesem Swipe-File?**

Du wirst dich fragen:

Warum abonniere ich Newsletter? Warum durchforste ich nicht einfach Youtube oder andere Blogs? Da gibt es doch auch genug Ideen.

Ganz einfach:

Ein Newsletter hat eine wichtige Aufgabe: Verkaufen. Wenn dein Konkurrent sein Handwerk versteht, dann weiß er, wie wichtig der Newsletter für den Verkauf von Produkten und Dienstleistungen ist.

Deshalb: Wenn du die Newsletter der Konkurrenz studierst und dir anschaust, was sie dort verkaufen – und vor allem wie – dann weißt du, was Kunden kaufen.

Vor allem solltest du nach einem Muster Ausschau halten.

Nur weil ein Konkurrent einen Newsletter mit dem Betreff „Mein schmutziges Geheimnis“ versendet, heißt das nicht, dass du es auch tun solltest.

Vielleicht war der Newsletter ja ein Flop.

Woher weißt du, dass ein Newsletter ein Erfolg war?

Sehr einfach: Wenn er sich wiederholt.

Es gibt Anbieter, die schicken nach einem gewissen Zeitraum immer wieder den gleichen Newsletter raus.

Warum?

Weil er funktioniert. Weil er verkauft.

Wenn du also rund 20 Newsletter abonniert hast, dann ist deine Aufgabe, ein Muster zu entdecken.

So hast du eine Marktstudie, ohne einen Euro auszugeben.

Suche nach Gemeinsamkeiten und stelle dir beispielsweise diese Fragen:

- Welches Verlangen sprechen die Newsletter an?
- Welche Ängste und Sorgen kommen vor?
- Welche Wörter wiederholen sich?

Wie immer gilt:

Nicht klauen oder kopieren.

Sondern das Prinzip verstehen und anwenden.

Wenn du ein Thema gefunden hast, das in vielen Newslettern vorkommt und damit offensichtlich für die Zielgruppe interessant ist, dann tue Folgendes:

Gib dem Thema deine persönliche Note.

Kein Mensch will einen weiteren "5 Tipps zum Abnehmen" Artikel lesen.

Wenn du jedoch eine einzigartige Geschichte hast ("Wie ich beim Abnehmen fast gestorben bin"), dann wird sie auf offene Ohren stoßen.

Und wenn du das nächste Mal gar keine Ahnung hast, was du

schreiben sollst oder worüber du ein Youtube-Video drehen könntest, dann öffne einfach dein Newsletter-Postfach.

Suche dir aus, was dir schmeckt.

Gib deinen Senf dazu.

Fertig ist der neue Content-Snack.

**Insider-Tipp**

Übrigens:

Mein Newsletter mit Blogging- und Online-Business Impulsen erscheint täglich – und ist damit auch ein besonders guter Stofflieferant.

Wenn „Content" der Kern deines Business-Spiels ist, dann wird dir der Schreibsuchti-Newsletter täglich dabei helfen, dieses Spiel zu gewinnen.

Hier kannst du ihn kostenlos abonnieren: schreibsuchti.de.

# TECHNIK 6

## DER HOLLYWOOD-TRICK, UM ALTE WEISHEITEN IN NEUEM GLANZ ERSTRAHLEN ZU LASSEN

2003 veränderte ein Mann die Filmgeschichte.

In dem Film „Fluch der Karibik" spielte er den Piraten Captain Jack Sparrow und revolutionierte das Bild des Piraten für immer.

Piratenfilme waren nichts Neues. Alle Piraten waren gleich böse, gleich gefährlich und hatten eine Augenklappe.

Doch dann kam Johnny Depp.

Er spielte einen Piraten, der sich benahm wie ein Rockstar – frech, eingebildet, exzentrisch. Dabei war er egoistisch, skrupellos und witzig zugleich.

Eine Mischung wie sie die Welt noch nie bei einem Piraten gesehen hatte.

Diese Mischung machte Jack Sparrow zum Publikumsliebling und trug die gesamte „Fluch der Karibik"-Reihe zu einem Milliarden-Dollar-Projekt.

## Was war Johnny Depps Geheimnis?

Er nahm den Gitarristen der Rolling Stones, Keith Richards, als Vorbild für seine Rolle. Er imitierte dabei sogar den Akzent des Rockstars und auch seine ungewöhnlichen Gesten.

Ein absolut ungewöhnlicher Ansatz, der die Produzenten im ersten Augenblick schockierte. Sie dachten Johnny Depp sei betrunken und hatten später Angst, dass diese ungewöhnliche Darstellung den Film zum Flop machen könnte.

Doch das Gegenteil war der Fall. Der Film wurde zum Überraschungshit und die gesamte Filmreihe hat mittlerweile 4,5 Milliarden Dollar eingespielt.

## Was heißt das für dich als Content-Creator?

Damit dein Leser nicht zum zehnten Mal „5 Tipps für bessere Produktivität" lesen muss, brauchst du einen Spagat, um etwas komplett Neues und Interessantes zu erschaffen – auch wenn deine Botschaft nicht „neu" ist.

Du brauchst einen Spagat zwischen deiner Branche – und einer komplett anderen.

So wie Johnny Depp einen Rockstar mit einem Piraten kreuzte, so musst du deine Branche mit einer anderen verbinden.

Und siehe da: So entsteht eine komplett neue Geschmacksrichtung.

Beispiel?

1. Ich habe das Thema Content-Produktion mit dem legendären Film „Terminator" verbunden. Heraus kam mein Buch „Der Content Terminator".

2. Herta Heuwer vermischte 1949 in West-Berlin erstmals Currypulver, Tomatenmark und Worcestershire-Soße und servierte dies mit einer Wurst. Die Currywurst war geboren.

3. Lindsey Stirling vermischte die klassische Geige mit Tanz, Hip-Hop und Rock'n'Roll. Heraus kam ein Youtube-Star mit Milliarden von Klicks (obwohl Lindsey zuvor bei der Show „America's got Talent" mit dem Kommentar abgelehnt wurde: „Deine Musik klingt wie ein Haufen Ratten, die erwürgt werden".)

Siehst du das Muster?

Kreativität ist die Verbindung von Dingen, die vorher noch nie so verbunden wurden.

Bleibt für dich die Frage:

**Woher nimmst du diese Verbindung?**

Da gibt es einen endlosen Pool an Ideen:

Hollywood.

Verbinde deine Branche mit einem Kinohelden, einer Disney-Prinzessin oder einer berühmten Filmreihe wie „Der Pate".

Deshalb nenne ich dies auch den Hollywood-Trick.

Warum unbedingt Hollywood?

Weil diese Milliarden-Dollar-Industrie schon viele Bilder und Geschichten in den Köpfen deiner Leser erzeugt hat, die du einfach als Trittbrettfahrer nutzen kannst.

Hier ein paar Beispiele:

- Wie du mit der Iron-Man-Methode hoch profitable Produkte entwickelst

- Wie du mit der Robin-Hood-Technik Kunden bei deiner Konkurrenz klaust

- Das Rambo-Prinzip des Erfolgs

Diese Methode gehört zu meinen Lieblingsmethoden, um neue Ideen zu erschaffen.

Diese Methode besteht im Grunde nur aus zwei Schritten:

**1) Schreibe deine Kernthese auf**

Zum Beispiel: Übung macht den Meister.

Diese Binsenweisheit ist ausgelutscht, langweilig und öde. Sobald dein Leser solche abgedroschenen Phrasen hört, schaltet er sofort ab und klickt weg.

Doch was, wenn das genau deine Botschaft ist? Wenn du genau das deinem Leser oder Zuschauer mitteilen willst?

Wie kannst du diese wichtige Botschaft vermitteln, ohne dass dein Publikum einschläft wie nach einem Liter Baldrian?

So:

**2) Finde einen Film, der das Gleiche aussagt**

So kannst du für die ausgelutschte Weisheit "Übung macht den Meister" das Bild aus dem Roman „Der Graf von Monte Cristo“ nehmen.

Anstatt deine „Moral“ ganz langweilig „Übung macht den Meister“ zu nennen, gibst du ihr den Namen „Das Shawshank-Prinzip“.

Dann erzählst du kurz die Geschichte von Andy Dufresne, wie er zwei Jahrzehnte im Gefängnis saß und jeden Tag an seinem Tunnel arbeitete. Tag für Tag.

Dieses Sinnbild nimmst du dann für die tägliche Übung und siehe da: deine Moral ist neu verpackt.

**Warum ist diese Methode so effektiv?**

Weil du Bilder, die die Hollywood-Regisseure für dich schon erzeugt haben, einfach übernehmen kannst.

Wenn ich das Wort Terminator verwende, dann sieht mein Leser sofort ein Bild von Arnold Schwarzenegger vor sich, wie er mit seinem Maschinengewehr durch Wände schießt. Das Sinnbild für einen „Menschen“, den du nicht aufhalten kannst.

Genau dieses Bild wollte ich im Kopf meiner Leser erzeugen. Doch anstatt das Rad neu zu erfinden, habe ich mich eines Bildes bedient, das schon fertig ist.

Ich nahm die Abkürzung.

Natürlich solltest du hier auf markenrechtliche Probleme gefasst sein. Viele Filme und Protagonisten sind eingetragene Marken und du musst aufpassen, dass keine markenmäßige Verwendung vorliegt.

In meinem Fall haben meine Recherchen ergeben, dass das Wort „Terminator“ im Bereich Content-Marketing nicht geschützt war.

So konnte ich seelenruhig den Terminator als Trittbrettfahrer nutzen.

Hier sind weitere Bücher, die ich bei Amazon gefunden habe, die sich berühmte Personen, Filme oder Stars zu nutze machen:

- The Disney Way: Harnessing the Management Secrets of Disney in Your Company (Die Autoren verbinden die Disney-Prinzipien mit Unternehmensratschlägen)
- Leinenrambo, Das Trainingstagebuch (Hier vermischt die Autorin das Hundetraining mit dem Begriff „Rambo")
- Talk like TED (Der Autor macht sich die berühmte Konferenz-Marke TED zunutze)

Was ist der Vorteil dieser Methode?

Du kannst „alte Botschaften" spannend präsentieren und somit selbst zu einem ausgelutschten Thema noch etwas Interessantes beitragen.

Plus: Die berühmten Namen „verkaufen" deinen Content.

Wenn du ein Buch schreibst, das den Titel „10 Lektionen für dein Business" trägt, dann hört dir niemand zu.

Wenn du das Buch jedoch „10 Business-Lektionen aus dem Leben von Elon Musk" nennst, dann hast du die Aufmerksamkeit aller Musk-Jünger (deshalb gibt es so viele Bücher mit dem Namen Elon Musk im Titel).

In dem Fall verkauft der Name mit.

Aber Achtung: Bei dieser Methode kannst du zwei Dinge falsch machen:

### 1) Finger weg von ausgelutschten Protagonisten, Büchern oder Filmen

So wurde im Marketing jahrelang immer Apple als Vorbild in jedem Buch und in jedem Vortrag genommen. Apple ist damit so verbraucht wie ein verfaulter Apfel.

Ein weiteres Beispiel ist der Film "Ziemlich beste Freunde". Der Film war extrem erfolgreich und monatelang erschienen Überschriften in Zeitungen, Magazinen und Blogs, die alle mit diesem Film spielten. Man zeigte Regierungschefs = Ziemlich beste Freunde. Man zeigte zwei Konkurrenten = Ziemlich beste Feinde.

Es ging so weit, dass wir in unserer Redaktion ein Verbot auf diese Headline bekamen.

Spring also nicht auf einen Trend auf, der schon ausgeleiert ist.

Sei frisch.

### 2) Benutze keine Protagonisten, die dein Leser nicht kennt

Diesen Fehler machen meist Menschen, die einen sehr hohen Bildungsgrad aufweisen und davon ausgehen, dass ihr Leser gewisse Personen kennt.

So spielen sie mit den Bildern aus "Warten auf Godot", dem Nibelungenlied oder der Zauberflöte.

Einige Menschen können sich etwas darunter vorstellen – doch die Meisten nicht.

Benutze deshalb nur Filme, Romane und Helden, die du nicht erklären musst.

Denn diese Methode soll ja gerade das „Erklären" beseitigen. Es muss vom ersten Moment klar sein.

Wenn du diese zwei Fehler vermeidest, dann heißt es Bühne frei für deinen Content.

Schritt 1: Definiere deine Botschaft.

Schritt 2: Finde ein Bild aus einem Roman/Film oder eine berühmte Person, die deine Botschaft verkörpert.

Schritt 3: Verbinde beides.

Fertig ist eine komplett neue Idee, die so noch niemand in deiner Branche geschrieben hat.

Plus: Der berühmte Name verkauft deine Idee mit.

PS

Hier eine kleine Anekdote aus meinem Schreiberleben. Eine Bekannte hatte Content erstellt, in dem sehr viele nützliche Tipps für Autoren vorkamen. Die Resonanz? Bescheiden.

Also änderte sie den Titel und fügte berühmte Namen wie Hemingway, J.K. Rowling und Stephen King ein. Das Ergebnis? Derselbe Content wurde geklickt als gäbe es kein Morgen.

So kann dir die Hollywood-Technik zum roten Teppich verhelfen, den du dir für deinen Content wünschst.

# TECHNIK 7

## DIE ARCHÄOLOGEN-TECHNIK, UM TOTE THEMEN ZUM LEBEN ZU ERWECKEN

Im alten Griechenland durften Tempeldiener ein gewisses Lebensmittel nicht essen.

Warum?

Damit sie ihre Sexlust nicht steigerten.

Man befürchtete, dass besagtes Lebensmittel die sexuelle Lust so sehr steigern würde, dass die Tempeldiener kein enthaltsames Leben mehr führen könnten.

Welches Lebensmittel war das?

Rate mal, bevor du weiterliest.

Und hier kommt die Lösung:

Es war die Zwiebel.

Es war sozusagen die Sex-Droge des Altertums.

Offenbar wussten die alten Griechen intuitiv etwas, was wir erst durch Studien viele Jahre später herausgefunden haben.

So hat eine iranische Studie an Ratten herausgefunden, dass Zwiebeln den Testosteron-Spiegel um bis zu 300 % steigern konnten.

Warum erzähle ich dir das?

Schließlich ist das hier kein Sex-Ratgeber.

Eigentlich erzähle ich dir diesen interessanten Fakt nur aus einem Grund:

Weil er interessant ist.

Und weil er ein tolles Beispiel für die Archäologen-Technik ist.

Was ist die Archäologen-Technik und wie hilft sie dir, frische und einzigartige Content-Ideen zu produzieren?

## Wie du verstaubte Themen zu neuem Leben erwecken kannst

Stell dir vor, du wärst ein Archäologe im alten Ägypten und würdest im Tal der Könige wichtige Ausgrabungen durchführen.

Wenn du eine antike Vase finden würdest, wohin würdest du sie bringen?

Natürlich ins Museum.

Wenn du einen Sarg findest?

Auch ins Museum damit.

Jeden Gegenstand, den du bei solch einer Ausgrabung finden würdest, würdest du sicher aufbewahren und sorgsam behandeln.

Warum?

Weil historische Gegenstände eine magische Anziehung haben. Sie ziehen die Aufmerksamkeit auf sich.

Und genau das solltest du als Content-Archäologe ausnutzen:

Sammle immer historische, merkwürdige und interessante Fakten.

Das ist die Archäologen-Technik.

In meiner Ideen-Liste stehen somit Fragen wie diese:

- Welcher Redner hatte ursprünglich einen Sprachfehler und schaffte es trotzdem zu einem der bekanntesten Redner des 20. Jahrhunderts zu werden?
- Alexander der Große hatte eine besondere Art seine Armee zu führen. Welche war das? Was war sein Geheimnis?
- Warum wurde Mohammad Ali zuerst als Ehrenmitglied der britischen Gesellschaft der Magier aufgenommen, um kurz darauf wieder rausgeschmissen zu werden?
- Welcher Redner wurde während seiner Rede angeschossen, weigerte sich aber ins Krankenhaus zu fahren, weil er seine Rede zu Ende halten wollte?

Alles spannende Fragen, oder?

Anekdoten und historische Fakten solltest du immer speichern und sortieren.

Ich kann es deshalb nicht oft genug sagen: Führe ein "Swipe-File" – eine Sammlung von Ideen, Anekdoten, Geschichten und Zitaten.

Du fragst dich jetzt bestimmt: „Was soll ich mit diesen historischen Fakten anfangen? Ich schreibe doch über Finanzen, Technologie oder Bitcoin."

Ich verrate es dir.

**Warum du auch bei modernen Themen immer wieder alte Mumien ausgraben solltest**

Sei ehrlich: Du fandest den Anfang dieses Kapitels interessant, nicht wahr?

Warum?

Weil ich einen historischen Fakt genutzt habe, um deine Neugier zu wecken. Selbst wenn mein eigentliches Thema – Content Produktion – ein ganz anderes ist.

Mir ging es zu Beginn erstmal nur darum, deine Neugier zu wecken und dich damit am Haken zu haben. Wohin ich dich dann führe, das ist dann die zweite Frage.

Als Content-Creator solltest du eine Emotion sehr gut studieren: die Neugier.

Du musst ein Meister der Neugier werden – und kaum ein Mittel hilft dir dabei so gut wie ein unbekannter oder mysteriöser Fakt aus der Vergangenheit.

Der zweite Schritt ist dann, die Brücke zu schlagen – von der Geschichte hin zu deiner Moral. Hin zu dem Thema, das du deinem Leser verklickern möchtest.

So wie ich die Brücke von der Sex-Zwiebel hin zur Content-Produktion geschlagen habe. Keine Sorge: Mit der Zeit wirst du lernen von jedem Thema eine Brücke schlagen zu können.

So habe ich schon von Geschichten über Immanuel Kant, Bruce Lee und Goethe Brücken zu meinem Thema – dem Blog-Business – gebaut.

Gehe dabei so vor:

**Schritt 1: Werde ein Archäologe**

Was macht ein Archäologe?

Er gräbt, sammelt und sortiert.

Deshalb solltest auch du sammeln, sortieren und abspeichern.

Was?

Alles, was irgendwie interessant ist. Sammle alle interessanten und skurrilen historischen Fakten, die dir über den Weg laufen. Von Kleopatra bis hin zu Leonardo DaVinci (meine E-Mail mit dem Betreff „Der DaVinci-Code des Bloggens" wurde hervorragend geöffnet und verkaufte auch entsprechend gut).

Glaube mir: Du kannst nicht „zu viel" Material haben.

Nur zu wenig.

Der berühmte Werbetexter Gary Bencivenga erzählte in einem Seminar, wie er es schaffte andere Werbetexter zu schlagen und deutlich mehr zu verkaufen.

Sein Trick?

Er und seine Konkurrenten verkauften ein Ratgeberbuch durch Werbebriefe. Gary Bencivenga nahm sich vor, die Ratgeberbücher nicht nur zu überfliegen, sondern sie förmlich in ihre Einzelteile zu zerlegen.

Sein Ziel? Mehr Material. Mehr Ideen. Mehr Neugier.

Er sammelte mehr Material als andere Texter, schrieb damit bessere „Bullet-Points“ und verkaufte mehr als die Konkurrenz.

Einfach, oder?

Du wirst merken: Mit dem richtigen Material wirst du nicht nur extrem schnell Content produzieren, du wirst auch viel mehr Freude am Prozess haben, weil sich das Schreiben (auch das Schreiben von Skripten für Podcasts und Videos) nicht wie eine Elefantengeburt anfühlen wird.

Ganz im Gegenteil: Du wirst Spaß an der Content-Produktion haben, weil sie so nahtlos verläuft.

Keine Idee für den Einstieg?

Einfach im Archäologen-Archiv nachgucken.

Der Hauptteil ist zu trocken?

Durch eine Story aus dem Archäologen-Archiv auflockern.

Das Ende ist lahm?

Mit einem knackigen Zitat einer berühmten, historischen Person abschließen.

Danach brauchst du nur noch Schritt 2.

## Schritt 2: Schlage eine Brücke

Die zweite Kunst – neben der Kunst der Neugier – ist das Schlagen von Brücken.

Im ersten Moment wird dein Leser von der Neugier gelenkt werden und gerne deinen Content konsumieren.

Doch im zweiten Moment wird er sich fragen: „Und was heißt

das jetzt für mich?“

Wenn du ihm diese Frage nicht klar beantwortest, dann hast du deinen Leser zwar unterhalten und ihm eine nette Story erzählt.

Aber du bist nicht zu deinem eigentlichen Kern gekommen.

Der Leser hat schon weggeklickt, bevor du deine Hauptbotschaft rüberbringen konntest.

Deshalb: Übertreibe es nicht. Spanne den Leser mit deiner Geschichte nicht zu lange auf die Folter.

Nichts ist nerviger als eine ellenlange Geschichte zu lesen, um am Ende herauszufinden, dass uns der Autor nichts damit sagen wollte – oder dass die Aussage des Autors überhaupt nicht zur erzählten Story passt.

Damit mir das nicht passiert, habe ich diesen Prozess umgedreht.

Ich schreibe zuerst meine Kernaussage auf.

Diese darf nicht länger als ein Satz sein. Kommata sind in diesem Satz verboten, damit er so kurz und knackig wie möglich ist.

Erst danach suche ich die passende Geschichte, die diese Kernaussage unterstützt.

Beispiel?

Nehmen wir an, meine Kernaussage wäre die Folgende:

„Marketing ist genauso wichtig wie das Produkt.“

Als Nächstes würde ich in meinem archäologischen Archiv nachschauen und folgende Geschichte herauskramen:

„Joshua Bell ist einer der bekanntesten und erfolgreichsten Violinisten unserer Zeit. Die Washington Post wagte ein Experiment und ließ ihn verkleidet in einer U-Bahn-Station „auftreten“. Bell spielte insgesamt 43 Minuten und er hatte danach 32 Dollar verdient. Zwei Tage zuvor hatte Joshua Bell das gleiche Konzert in einem ausverkauftem Theater vor Menschen gegeben, die 100 Dollar pro Ticket bezahlt hatten.“

Hier wäre dann der Punkt, an dem ich die „Moral von der Geschicht“ aus dem Sack lassen würde.

In etwa so:

„Du siehst: Großartige Leistungen sind nicht genug. Es braucht auch großartiges Marketing.“

Und siehe da: Ich habe meine Kernaussage sofort kräftiger und lebendiger gemacht als einfach nur zu behaupten „Marketing sei wichtig“.

Und vor allem habe ich für diesen Einstieg nicht Stunden gebraucht, sondern nur Minuten – weil ich ein gut sortiertes Archiv habe.

Spätestens jetzt solltest du überzeugt sein, ein Archäologe zu werden.

Fange noch heute an zu graben, zu sammeln und zu sortieren.

**Pro-Tipp:**

Wenn du nicht weißt, wo du solche Fakten, Stories und Anekdoten herbekommen kannst, dann ist das einfacher als du denkst.

1. Du kannst einfach Google befragen: Suche nach „Interessanten Fakten“, „ungelösten Rätseln“, „historischen Mythen“ oder „lustigen Anekdoten“.

2. Ich kaufe regelmäßig Sammelbände mit Anekdoten wie das „Little Brown Book of Anecdotes“ von Clifton Fadiman. Weiterhin sammle ich Bücher wie „Die wichtigsten Experimente der Psychologie“ oder „Die besten Zitate aller Zeiten“.

3. Es gibt Plattformen wie Quora und Medium, auf denen Menschen täglich Beiträge über historische Phänomene schreiben. Abonniere dort die entsprechenden Kanäle und dir wird eine komplett neue Welt von Ideen eröffnet.

4. Gehe auf schreibsuchti.de/vorlagen/ . Dort bekommst du 51-Artikelideen und Vorlagen für Überschriften. Ein guter Start für dein Swipe-File.

Woher du deinen Input nimmst, ist gar nicht so wichtig.

Entscheidend ist, dass du immer die Augen offen hältst und ein gut sortiertes Museum führst.

Dieses Museum ist dann wie das Gewürzregal eines Chefkochs – immer griffbereit, um deinen Content aufzupeppen.

# TECHNIK 8

## WIE DU ALS TRITTBRETTFAHRER VON DER ARBEIT ANDERER PROFITIERST

In den 1990er Jahren arbeiteten viele Unternehmen an einer technischen Revolution.

Doch jedes Unternehmen kochte sein eigenes Süppchen und so entstand ein Flickenteppich aus vielen verschiedenen Technologien.

Das war natürlich ein Hindernis für die Einführung dieser Technologie, bei der es um „kabellose Übertragung“ ging. Kein Kunde wollte jedes Mal eine neue Stereoanlage kaufen, nur weil das Handy nicht gekoppelt werden konnte, weil es eine andere kabellose Technik verwendete.

Einer dieser vielen Entwickler war Jim Kardach von Intel. Er arbeitete ebenfalls an einer kabellosen Übertragungstechnik und sah dieses Problem der Zersplitterung.

Er fasste den Entschluss: So kann es nicht weitergehen.

Eine Einigung musste her.

So wurde Jim Kardach zum firmenübergreifenden Vermittler und brachte die vielen rivalisierenden Unternehmen zusammen, indem er sie zu einem gemeinsamen Standard überredete.

Schließlich musste ein Name für diesen gemeinsamen Standard gefunden werden.

Auf der Suche nach einem Namen benutzte Jim Kardach eine interessante Quelle.

Er las zu der Zeit ein Buch über Wikinger und fand heraus, dass König Harald „Blauzahn" Gormson das perfekte Symbol für sein Projekt war. Denn König Harald, der zweite König von Dänemark, vereinte Skandinavien und die vielen rivalisierenden Stämme.

So bekam die kabellose Technologie den Namen „Blauzahn".

International bekannt als „Bluetooth".

Ein Begriff, den wir alle kennen und täglich nutzen.

Doch die Herkunft kanntest du noch nicht, oder?

**Was können wir von Jim Kardach lernen?**

Er hat für seine Namensgebung die gute alte Archäologen-Technik benutzt, die ich dir vorhin gezeigt habe.

Er hat alte, historische Fakten ausgegraben und in ein neues Licht gerückt.

Er verband einen skandinavischen König mit einer kabellosen Übertragungstechnik.

Das zeigt: Die Archäologen-Technik wird von den hellsten Köpfen unseres Planeten verwendet.

Unterschätze sie nicht.

Doch ich habe dir diese Blauzahn-Geschichte nicht erzählt, nur um mein vorheriges Kapitel zu unterstreichen.

Was du vor allem aus dieser Geschichte lernen kannst:

Unternehmens- und Produktgeschichten sind hervorragende Quellen für deinen Content.

Wenn du keinen Storytelling-Stoff für deinen Content hast – und wir beide wissen ja, dass Geschichten extrem wichtig sind – dann kannst du auf die Entstehung oder Entwicklung von Produkten und Unternehmen zurückgreifen.

Ich nenne diese Technik deshalb: Produkt-Trittbrettfahrerei.

Dort verstecken sich wahre Gold-Nuggets.

Hier ein paar Beispiele:

Kellog's wurden ursprünglich entwickelt, um die sexuelle Lust bei Jungen zu mindern, damit sie kein Verlangen haben, sich selbst zu befriedigen.

Febreze wurde zunächst als Geruchsentferner verkauft. Nachdem aber niemand das Produkt kaufte, wurde es neu positioniert als Raum-Deo. Die Zielgruppe wurde komplett umgedreht: Weg von Menschen, die ein stinkendes Zuhause haben, hin zu Menschen, die ein sehr sauberes Zuhause haben und dies durch den Duft noch unterstreichen wollen.

McDonald's wurde zwar von den Brüdern McDonald gegründet, aber von Ray Kroc aufgebaut – einem Küchenzubehörverkäufer, der später die zwei Brüder sogar aus ihrem eigenen Unternehmen verdrängte.

Siehst du, wie viel Potenzial solche Geschichten haben?

## Die Vorteile von Produkt-Trittbrettfahrerei

Solche Geschichten sind aus zwei Gründen besonders interessant:

1) Deine Leser kennen sie

Es gibt Produkte, die kennt einfach jeder. Auch in deiner Branche gibt es Produkte, die einfach überall sind und seit Jahren oder Jahrzehnten genutzt werden.

Der Vorteil: Wenn du über diese Produkte sprichst, dann hören dir die Menschen zu, weil sie die Produkte kennen.

2) Deine Leser kennen zwar die Produkte, aber nicht die geheimen Hintergründe

Es wäre jedoch sehr langweilig, wenn du einfach nur etwas erzählen würdest, was schon jeder weiß.

Um die Aufmerksamkeit deines Publikums zu bekommen, solltest du im Produkt oder im Unternehmen einen Fakt finden, den kaum jemand kennt.

Dann gehören alle Augen und Ohren dir.

So erzählte ich vor kurzem in einer Männerrunde die Geschichte über Kellog's und die Sexlust.

Das Lachen und Staunen nahm kein Ende. Die Meisten konnten es nicht glauben, dass ihre geliebten Kellog's ein Mittel gegen sexuelle Lust sein sollten.

Einige zückten sofort ihr Handy, um meine Aussage zu kontrollieren.

Das ist die Art von Engagement, die du mit deinem Content erreichen möchtest.

Wenn dein Content mehr Pfeffer braucht, dann solltest du in diesem Zwei-Schritt vorgehen:

1) Finde ein Unternehmen oder Produkt, das deine Zielgruppe kennt

2) Finde einen Fakt zu diesem Produkt, den deine Zielgruppe wahrscheinlich noch nicht kennt

Verbinde beides und du hast die ungeteilte Aufmerksamkeit deines Publikums.

**Wie du diese Technik konkret umsetzt**

Du kannst diese Technik sehr einfach umsetzen, indem zu zum Beispiel mit einer Frage, einer Art Quiz, einsteigst.

So zum Beispiel:

"Wusstest du, dass eins der wertvollsten Unternehmen der Welt seinen Namen nur durch einen Tippfehler erhalten hat?"

Ich gebe dir einen Tipp:

Benutze Google, um es herauszufinden.

Eine andere Möglichkeit ist die chronologische Erzählung, wie ich sie über Bluetooth gewählt habe.

Da wir gerade dabei sind, gebe ich dir hier ein paar wichtige Zutaten, um Geschichten zu erzählen.

**Wie du Produktgeschichten richtig erzählst**

Egal wie gut dein Witz ist – niemand lacht, wenn du ihn schlecht erzählst.

Genauso ist es bei Geschichten.

Deshalb hier ein paar Zutaten, die jede Geschichte braucht:

1) Konflikt

Das ist die wichtigste Zutat. Zu viele Autoren schreiben irgendwelche Geschichten, bei denen ich mir denke: „Na und?“

Das denkt sich auch dein Leser, wenn du keinen Konflikt in deiner Story hast.

Dieser Konflikt sollte auch nicht erst nach 10 Seiten kommen, sondern sofort klar werden.

So wie der erste Satz aus Stephen Kings Roman „Der dunkle Turm“:

„Der Mann in Schwarz floh durch die Wüste, und der Revolvermann folgte ihm.“

Zack: Direkt im ersten Satz erfährst du den Konflikt.

2) Widerstand

Ein Flugzeug hebt ab, weil es Luftwiderstand erfährt. Ohne Widerstand kann ein Flugzeug nicht fliegen.

Das Gleiche gilt für Geschichten:

Wenn dein Held keine Widerstände erlebt und bei ihm alles gelingt, dann ist die Geschichte nicht nur unglaubwürdig, sondern auch langweilig.

Niederlagen, Fehler und Dummheiten des Helden gehören in jede gute Geschichte.

Plus: Eine gute Story lebt von einem guten Bösewichten. Dieser ist sogar wichtiger als der Held selbst.

Je größer der Kampf, desto größer der Triumph.

3) Lücken

Halte dich nicht zu lange mit Beschreibungen und Erklärungen auf.

Lass Raum zur Interpretation und lass das Gehirn des Lesers die Lücken füllen.

Beschreibe nicht jedes Detail und die komplette Umgebung. Aktiviere stattdessen mit Lücken die Phantasie des Lesers.

Es reicht, wenn du sagst, der Manager sei ein „arroganter Krawattenträger". Du musst nicht auf Größe, Haarfarbe und seine Frisur eingehen.

Lass den Leser diese Lücken füllen.

Warum?

Gerade dieses Füllen von Lücken aktiviert das Gehirn und lässt den Leser weiterlesen.

PS

Das war jetzt nur ein kleiner Crash-Kurs im Geschichten erzählen.

Wenn du meine komplette Technik erlernen möchtest und erfahren möchtest, wie ich mit der einfachen ABDC-Formel meine Geschichten strukturiere, dann hole dir mein Buch „Der Content Terminator" (https://shop.schreibsuchti.de/content-terminator/)

**Deine neue Kategorie in deinem Swipe-File**

Mit dieser Technik wurde gerade eine neue Kategorie in deinem Swipe-File geboren.

Hoffentlich hast du dir schon ein Swipe-File angelegt und sammelst fleißig Hollywood-Allegorien und historische Mysterien.

Jetzt solltest du eine neue Kategorie anlegen: Produkt-Storys und Geheimnisse.

Zum Abschluss noch ein großer Vorteil von Produkt-Trittbrettfahrerei:

Die Produkthersteller bringen deinen Content voran.

Wie?

Stell dir vor, du hast einen Artikel mit folgender Headline geschrieben:

„10 lustige Dinge, die du mit einem Zippo-Feuerzeug machen kannst"

Jedes Mal, wenn Zippo Werbung schaltet und die Bekanntheit seines Produktes erhöht, steigt die Wahrscheinlichkeit, dass dein Content konsumiert wird.

So können Menschen nach einem Zippo googeln und deinen Artikel finden.

Aktuelles Beispiel?

So habe ich einen Artikel zum Buch „Breakthrough Advertising" von Eugene Schwartz auf meinem Blog geschrieben.

Jedes Mal, wenn Menschen nach diesem Produkt (Buch) suchen, dann finden sie auch meinen Artikel, der derzeit bei

Google auf Platz 3 steht, wenn man „Breakthrough Advertising“ eingibt.

So hat das Produkt mir nicht nur Stoff für meinen Blog geliefert, sondern auch den nötigen Traffic.

Also:

Wenn du noch keine Produkt-Trittbrettfahrerei betreibst, dann solltest du heute damit anfangen.

Benutze diese Technik auf eigene Gefahr und pass auf, dass du keine Markenrechte oder andere Rechte verletzt.

Doch wenn du sauber arbeitest, dann sind diese Produkt-Storys eine wahre Goldgrube für deinen Content.

Du wirst dich wundern, wie gut dein Publikum zuhören wird, wenn du ihnen die Geschichte erzählst, wie ein 74-jähriger nach zahlreichen Niederlagen ein Rezept für gegrillte Hähnchen erfand und für mehrere Millionen Dollar verkaufte.

## TECHNIK 9

### WIE DU DEINEN CONTENT MIT FREMDEN FEDERN SCHMÜCKST, OHNE EIN DIEB ZU SEIN

Er saß vier Jahre im Gefängnis – wegen Betrugs, Fälschung und wiederholtem Diebstahl.

Viele Jahre danach war er zwar nicht mehr kriminell, doch das Flunkern blieb wohl ein wichtiger Teil seines Lebens.

Er behauptete 1200 Sprachen zu sprechen und als Nachfolger Winnetous der Befehlshaber über 35.000 Apachen zu sein.

Die Rede ist von Karl May.

Ohne Zweifel gehört er zu den produktivsten Autoren von Abenteuerromanen aller Zeiten.

Dabei fantasierte er auch oft im realen Leben:

Seit 1875 führte May einen Doktorgrad – ohne jemals promoviert oder eine Universität besucht zu haben. Er konnte diesen Titel niemals offiziell beweisen.

Später wurde er beschuldigt, bei anderen abgeschrieben und Content geklaut zu haben.

Ob die Vorwürfe stimmen? Keine Ahnung. So oder so ist es kein schönes Kapitel im Leben Karl Mays.

Welcher Autor möchte schon eines Plagiats beschuldigt werden?

Andererseits sagte Steve Jobs in einem Interview: „Gute Künstler kopieren, große Künstler stehlen." Jobs schrieb dieses Zitat Picasso zu, doch es gibt keine Beweise, dass Picasso das wirklich jemals gesagt hat. Vielleicht fantasierte hier Steve Jobs genauso wie Karl May.

Diesen Spruch nehmen viele Content-Creator, um schamlos Content bei anderen zu klauen – ohne jemals eine Quelle anzugeben.

Das ist das eine Extrem: die Diebe.

Dann gibt es da das andere Extrem: die Puristen. Diese denken, dass sie wie ein Selbständiger selbst und ständig alles aus dem Nichts erschaffen müssen.

Sie lassen sich nie von anderen inspirieren und vermeiden jegliche Ähnlichkeit zu anderen Content-Stücken. Die Folge? Sie sind so unproduktiv wie ein Höhlenmensch, der Feuersteine verwendet, während andere erfolgreiche Content-Creator mit einem Flammenwerfer um sich schießen.

Die Lösung?

Die Mitte.

Du darfst kein Dieb sein, aber du darfst auch vor fremdem Content nicht zurückschrecken.

Ganz im Gegenteil: Fremder Content kann ein mächtiger Hebel für dein Content-Business sein – wenn du es richtig anstellst.

Du musst den „geklauten“ Content so zubereiten, dass er deinem Image hilft – und du eben nicht als Dieb im Gefängnis landest wie Karl May.

Die wichtigste Technik dafür:

Die Round-Up-Technik.

**Wie du dir die Autorität anderer Experten zu Nutze machen kannst**

Es gibt einen alten Spruch: „Wenn du bei Einem abschreibst, dann nennt man das Plagiat. Wenn du bei Vielen abschreibst, dann nennt man das wissenschaftliches Arbeiten.“

Wenn du also fremden Content als Grundlage für deinen Content nehmen möchtest, dann sollte dieser Content nicht nur auf einem Bein stehen, sondern auf fünf bis zehn Beinen.

Wie sieht das konkret aus?

Sagen wir, du möchtest einen Artikel über verschiedene Atemtechniken beim Laufen schreiben. Der falsche Weg wäre, einfach den Text eines anderen Experten (nennen wir ihn Laufguru 1) zu übernehmen oder nur leicht umzuschreiben.

Das fällt auf, grenzt an Diebstahl und ist zudem auch noch langweilig.

Du schmiedest auf diese Weise nichts Neues.

Der richtige Weg ist, fünf oder zehn Laufgurus zu finden, die du zitieren kannst. Das macht deinen Content nicht zu einem Plagiat und sorgt auch noch dafür, dass du mehr Durchschlagskraft bekommst.

Schau selbst: Welche Überschrift ist stärker?

1) "Die richtige Atemtechnik, um länger zu laufen"

2) "5 Laufprofis verraten dir die Atemtechnik, mit der sie problemlos 50+ km laufen"

Vor allem wenn du noch neu in der Branche bist und deine Stimme wenig Gewicht hat, wird Artikel Nr. 2 viel besser geklickt werden.

Weil du dir nicht nur die Ratschläge der Laufgurus zunutze machst, sondern auch ihre Autorität.

So schlägst du zwei Wangen mit einer Hand. Du bekommst Stoff für deinen Content und die Autorität der Gurus.

Diese Form von Content nennt man „Roundup"-Content, weil du eine Art Rundumschlag mit vielen Experten machst.

Jeder gibt seinen Senf dazu.

Fertig ist das Gericht.

Hier ein paar weitere Beispiele für solchen Roundup-Content:

1) „Writing Tips 40 Experts Wish They'd Known as Beginners"

https://jerryjenkins.com/writing-tips/

2) 50 Food Truck Owners Speak Out: „What I Wish I'd Known Before Starting My Food Truck"

https://foodtruckr.com/how-to-start-a-food-truck/what-i-wish-id-known-before-starting-my-food-truck/

3) 35 deutsche Blogger, von denen du dir eine Scheibe abschneiden kannst

https://www.chimpify.de/marketing/deutsche-blogger/

Sieht einfach aus, oder?

Fast.

Hier sind einige wichtige Dinge, die du beachten solltest, wenn du einen Round-Up-Post erstellen möchtest.

## Wie du nachhaltigen Round-Up-Content erstellst

### 1) Schreibe im Vorfeld, nicht im Nachhinein

Häufig bekomme ich Links zu Artikeln von anderen Content-Creatorn zugeschickt, in denen ich „vorkomme". Dort ist dann ein Zitat oder ein Artikel von mir angegeben.

In dem Fall nicke ich kurz, bedanke mich und mache mit meinem Tagesgeschäft weiter.

Der Effekt verpufft.

Wie machst du es richtig?

Erstelle keinen Round-Up-Content OHNE den Experten, sondern MIT dem Experten.

Sprich: Schreibe den Experten im Vorfeld an, erkläre ihm deine Idee und dass du gerne seine Expertenmeinung in den Artikel einbauen würdest.

Wichtig:

Fasse dich kurz und betone den Vorteil des anderen: Mehr Reichweite und die Stärkung seines Expertenstatus.

Ich werde dir hier KEINE Vorlage geben, wie du dem Experten schreiben kannst, sonst klingen bald alle Mails gleich und verlieren damit ihren Charme.

Mein Ratschlag ist nur: Sei persönlich, menschlich und auch etwas humorvoll.

Sympathie ist sehr wichtig, damit sich der andere Zeit für dich nimmt und dir antwortet.

Noch ein Tipp: Fordere auch direkt ein Bild des Experten an. Das erhöht die Qualität deines Contents und gleichzeitig fühlt sich der Experte noch mehr geehrt, weil sein Gesicht im Beitrag erscheint.

Du weißt ja: Nichts liebt der Mensch mehr als sein eigenes Gesicht und nichts hört er lieber als seinen eigenen Namen.

**2) Stelle nur EINE Frage**

Hier ein ganz böser Fehler, den leider viele begehen: Sie stellen zu viele und zu breite Fragen.

Das führt dazu, dass der angefragte Experte überhaupt nicht antwortet, weil es einfach zu viel Arbeit ist.

Fokussiere dich deshalb nur auf eine einzige Frage, die ein konkretes Problem behandelt.

Also nicht: „Was ist der Schlüssel des Erfolgs?"

Sondern: „Wie schaffst du es Zeit zum Schreiben zu finden?"

Je konkreter die Frage, desto höher die Wahrscheinlichkeit, dass dir der Experte antwortet.

Und desto wertvoller wird der Artikel auch für den Leser, weil der Artikel dadurch viel greifbarer und praktischer wird als ein schnöder Artikel über „Erfolg" – ein Wort das so verbraucht ist wie ein Zigarettenstummel am Straßenrand.

**3) Gib so viel wie möglich zurück - und gib im Vorfeld**

Im Marketing gilt ein universelles Prinzip: Du erntest, was du säst.

Ich bekomme fast täglich Anfragen von Menschen, die einen Link bei mir platzieren oder die ihren Content bei mir unterbringen wollen.

Ich sage in 100 Prozent der Fälle Nein.

Warum?

Aus einem einfachen Grund: Diese Menschen kümmern sich nur um sich und ihren Vorteil. Sie säen nichts auf meinem Feld und bekommen deshalb auch nichts von mir.

Der richtige Weg wäre, wenn die Bittsteller im Vorfeld schon gegeben hätten. So könnten sie zum Beispiel meine Artikel teilen, meine Inhalte verlinken oder meine Bücher ihren Lesern empfehlen.

Alles Dinge, um in Vorleistung zu gehen und einen guten Samen zu säen.

Deshalb solltest du das auch tun: Säe zuerst einen Samen. Ernte danach.

Erwarte nicht, dass ein Experte sich die Zeit nimmt, dir zu antworten oder ein Zitat zu deinem Round-Up beizusteuern, weil du einen schönen Vornamen hast.

Gehe in Vorleistung, teile seine Inhalte auf Facebook, verlinke seine Artikel und empfiehl seine Bücher – und sage dem Experten jeweils bescheid, wenn du ihm einen Gefallen getan hast („Tue Gutes und sprich darüber").

Und wenn du dann eines Tages einen Gefallen in Form eines Zitates vom Experten brauchst, dann glaub mir, hast du die Wahrscheinlichkeit um 1000% erhöht, dass er dir antwortet.

Erst säen, dann ernten.

**4) Halte die Beziehung warm**

Das ist der wichtigste Aspekt.

So mancher Round-Up-Content ist ein Reinfall. Das passiert. Manchmal ist die Reichweite nicht so groß wie erhofft und manchmal teilen die meisten Experten den Artikel gar nicht – manche vergessen es, andere wollen nur nehmen, aber nicht geben.

Das ist normal.

Mache dir da keinen großen Kopf drum. Denn das wirklich wertvolle aus einem Round-Up-Artikel ist die Beziehung, die daraus entstehen kann.

Durch einen Round-Up-Artikel hast du einen Kontakt zu 10+ Experten aufgebaut. Der nächste Schritt ist, diese Beziehungen warm zu halten und auch zu vertiefen.

So kannst du jeden Experten nochmal einzeln zum Interview einladen und intensiv über ein Thema sprechen. Du kannst sie in deinen Podcast oder deine Youtube-Show einladen. Und als Krönung kannst du auch bei ihnen einen Gastbeitrag einreichen.

Egal, was sich ergibt: Halte die Beziehung warm und halte dich an ein einfaches Sprichwort:

Kleine Geschenke erhalten die Freundschaft.

Teile, verlinke und erwähne die besagten Experten mal hier und da.

So werden sie dir gerne einen Gefallen tun, wenn du ihn brauchst.

**Pro-Tipp:**

Aber das war noch nicht alles.

Du kannst Round-Up-Content auch mit Autoren und Experten veranstalten, die schon lange tot sind.

So können Goethe, Shakespeare und Churchill zu deinem Roundup-Artikel beitragen.

Wie?

Durch Zitate, die schon niedergeschrieben sind. Du holst dir also die Zitate nicht direkt vom Zitatgeber, sondern aus einem Magazin, einer Zeitung oder einer Doku. Wichtig ist, dass du deine Quelle in diesem Fall angibst.

James Clear hat es wunderbar in diesem Artikel vorgemacht:

„The Daily Routines of 12 Famous Writers“

https://jamesclear.com/daily-routines-writers

Dort zitiert James Clear 12 berühmte Autoren. Er hat mit ihnen natürlich nicht persönlich gesprochen, sondern entnimmt die Zitate aus Magazinen, Interviews oder Biografien.

So kannst du einen Roundup-Artikel sogar mit „toten“ Experten schreiben.

Hier ein paar Beispiele:

„7 Nobelpreisträger verraten das Geheimnis ihrer Kreativität“

„17 Schreibtipps der erfolgreichsten Autoren aller Zeiten“

„Die 30 Geldgeheimnisse der reichsten Menschen aller Zeiten“

Zwar kann Goethe deinen Content nicht auf Facebook teilen, doch du kannst dir seine Autorität und Bekanntheit zunutze machen.

Wenn dir die Autorität und die Expertise fehlt, dann zerbrich dir nicht weiter den Kopf.

Nutze diese Roundup-Technik, um Content zu erstellen, der mehr Autorität hat als ein Al Capone in Chicago.

## TECHNIK 10

### DAS SPRUNGBRETT, UM DAUERHAFT CONTENT ZU ERSCHAFFEN, DER GARANTIERT EINSCHLÄGT WIE EINE BOMBE

Ende des 19. Jahrhunderts gab es einen Verkaufsschlager.

Die Nachfrage war groß, das Produkt oft ausverkauft – dabei war das Produkt an sich total sinnlos.

Um welches Produkt es sich handelte?

1868 wurde Franz Vester in New Jersey beerdigt. Die Musikkapelle spielte traurige Lieder und die Gäste verteilten Blumen.

Doch nach 75 Minuten kletterte Vester ohne Hilfe wieder aus seinem Sarg heraus und die Menge jubelte.

Franz Vester war kein Zauberkünstler, sondern Verkäufer und präsentierte seinen neuen Sicherheitssarg.

Ein Sarg, der sich von innen öffnen ließ.

Ja, du hast richtig gelesen. Ein Sarg, den du von innen öffnen kannst.

Da fragst du dich bestimmt: Wozu braucht man solch ein Produkt? Welche Leiche wird den Sarg von innen bedienen können? Warum kaufen Menschen solch sinnloses Zeug?

Die Erklärung ist ganz einfach: Angst.

Es war die panische Angst davor, lebendig begraben zu werden, die Menschen dazu brachte massenhaft Särge zu kaufen, die man von innen öffnen konnte, um im Fall – wenn man aus Versehen lebendig begraben wurde – aus dem Sarg auszusteigen.

Diese Angst hatte auch der dänische Dichter Hans Christian Andersen, der jeden Abend einen Zettel auf seinen Nachttisch legte, auf dem stand: „Ich bin nur scheintot" – damit ihn niemand aus Versehen beerdigte.

Wie kam es zu dieser Angst, die heute in unseren Augen absurd wirkt?

Durch Erzählungen, Bücher und Zeitungsberichte.

So veröffentlichte zum Beispiel Karl von Eckartshausen 1798 „Geschichten und Begebenheiten von lebendig begrabenen Personen".

Diese Berichte sorgten dafür, dass sich der Sicherheitssarg verkaufte wie geschnitten Brot.

Bislang gibt es allerdings keinerlei Berichte darüber, dass ein Sicherheitssarg erfolgreich zum Einsatz gekommen sei.

Was bedeutet diese Geschichte über Vesters Sarg für deinen Content?

Ganz einfach:

Genauso wie der schlaue Verkäufer Vester kannst du dir aktuelle Trends, Ängste und Hysterien zunutze machen, indem du eine Technik meisterst.

Es ist die Nachrichten-Technik.

### Warum die Nachrichten-Technik ein großartiges Sprungbrett für dich ist

Der große Vorteil dieser Technik: Die Zeitungen, Fernsehsender und Magazine haben den größten Teil für dich schon erledigt.

Sie haben die Nachricht in den Kopf des Publikums gepflanzt.

Ein wichtiger Lehrsatz für Werbetexter lautet: „Führe die Unterhaltung fort, die im Kopf deines Lesers stattfindet."

Die Nachrichten haben die Unterhaltung begonnen, du führst sie weiter.

Sei es die Angst vor dem Scheintod oder die Angst vor einem Virus – die Nachrichten sind voller negativer und furchteinflößender Ereignisse.

Nein, du sollst deinem Publikum keine Angst machen.

Du sollst die Ängste, die bereits im Kopf deines Lesers schwirren, aufgreifen.

Beispiel?

Als im März 2020 die Corona-Pandemie die Nachrichten bestimmte und das Virus das ganze Land erschütterte, da schrieb ich einen Newsletter mit folgender Betreffzeile:

„Es hat mich erwischt…"

Die Öffnungsrate dieses Newsletters explodierte. Kein Newsletter wurde so oft angeklickt und gelesen wie dieser. Natürlich ging es im Newsletter gar nicht um das Virus. Ich nutzte nur das Sprungbrett, das die Medien zuvor geschaffen hatten.

Einige fanden es geschmacklos, dass ich mit den Ängsten mancher Menschen spielte. Andere fanden den Newsletter so unterhaltsam, dass sie sich dafür bedankten.

Natürlich ist diese Technik – wie alle guten Techniken – ein zweischneidiges Schwert.

Aber keine Sorge: Mit jedem Content-Stück, mit dem du dir Feinde machst, machst du dir auch Fans. Der schlimmste Content ist der, der ignoriert wird.

Das Tolle an dieser Technik: Du hast praktisch eine Garantie, dass dein Content konsumiert wird. Warum? Wenn es dauerhaft durch die Medien gejagt wird, dann zeugt es davon, dass es geklickt und gelesen wird – denn Medien senden das, was Interesse weckt, nicht unbedingt das, was wichtig ist.

Das heißt, die anderen haben den Content für dich schon „getestet". Sie haben ein Sprungbrett für dich erschaffen, das du jederzeit nutzen kannst.

Weiteres Beispiel?

Im April 2021 veranstalteten rund 50 Schauspieler in Deutschland die Aktion „#allesdichtmachen". Die Aktion ging durch alle Medien und sorgte für einen Aufschrei in der Schauspielerwelt. Was denkst du, was ich am nächsten Tag schrieb?

Du ahnst es. Ich schrieb einen Newsletter mit dem Betreff „#allesdichtmachen".

Ebenfalls einer meiner meistgeklickten Newsletter.

Grundsätzlich schaue und lese ich keine Nachrichten, um mich nicht mit negativer Propaganda vollaufen zu lassen.

Doch es gibt Nachrichten, die selbst mich erreichen – durch Freunde, Bekannte und Chat-Gruppen.

So weiß ich: Wenn diese Nachricht sogar mich erreicht hat, dann ist es eine große Nachricht, die ich auch verwenden kann.

Im Zweifel schaue ich mir einfach die Titelblätter der großen Zeitungen an und weiß, was ich als Sprungbrett nutzen kann.

### Wie du zeitlose Sprungbretter bauen kannst

Diese Nachrichten-Technik hat viele Vorteile, aber auch einen entscheidenden Nachteil: du erschaffst keinen zeitlosen Content.

Auf meinem Blog schreibsuchti.de publiziere ich fast nur zeitlose Artikel. Das hat den Vorteil, dass meine Artikel auch noch nach vielen Jahren gelesen werden und mir Jahr für Jahr kostenlosen Traffic über Google bringen (solche Artikel nennt man „Evergreen-Content").

Mit der Nachrichten-Technik hast du diesen Vorteil leider nicht. Sobald die Hysterie vorbei ist, ist dein Content wertlos. Dadurch bist du gezwungen, ständig neuen Content zu erschaffen und gerätst in eine Art Content-Hamsterrad.

Die Lösung?

Ich nutze solche Formate, die nur eine kurze Lebensdauer haben, für Medien, die auch nur eine kurze Lebensdauer haben: Newsletter und soziale Medien.

Ein Newsletter wird überwiegend in der ersten Stunde nach dem Versenden konsumiert. Niemand öffnet einen Newsletter nach 3 Jahren.

Das Gleiche gilt für Facebook- oder Instagram-Beiträge. Sie erscheinen kurz im Feed des Nutzers und verschwinden dann für alle Ewigkeit im Nichts.

Deshalb ist die Nachrichten-Technik bei solchen Medien besonders effektiv, weil du ohnehin meist täglich neuen Content erstellst. Da kannst du auch schön täglich die Nachrichtenwelle reiten.

Doch es gibt auch einen Weg, das Nachrichten-Sprungbrett nachhaltig zu nutzen, um „Evergreen-Content" daraus zu erstellen.

Wie?

Durch wiederkehrende Events.

Olympia, die Fußball-WM, jährliche TV-Shows – das sind alles wiederkehrende Events, die du als Sprungbrett nutzen kannst.

Zum Beispiel so:

„33 Fakten über Olympia, die zeigen, wie korrupt das System ist"

„111 kuriose Fakten über die Fußball-WM, mit denen du angeben kannst"

Diese Artikel schreibst du einmal, kannst sie jahrelang verwenden und musst sie nur ab und zu minimal überarbeiten.

Und jedes Mal, wenn dieses Event wieder stattfindet, schwimmt dein Content auf der Welle mit.

Nutze flüchtige Nachrichten, Events und Hypes als Sprungbrett für flüchtigen Content.

Langfristig solltest du daraus dann Evergreen-Content erstellen, um nicht im Content-Hamsterrad gefangen zu sein.

# 51 VORLAGEN FÜR MEHR TRAFFIC

DER START ZU DEINEM SWIPE-FILE

Jetzt bist du ein echter Content-Schmied. Du kannst altes Material nehmen und neuen Content erschaffen.

Nie mehr wirst du dich fragen, woher du Ideen für deinen Content nehmen sollst.

Wenn diese Frage trotzdem mal in deinem Kopf aufkommt, dann habe ich eine Abkürzung für dich.

Hier findest du zum kostenlosen Download 51 Vorlagen, die du jederzeit verwenden kannst:

https://www.schreibsuchti.de/vorlagen/

Abonniere dazu einfach meinen Newsletter und ich schenke dir diese Liste, die einen guten Anfang für dein Swipe-File legen wird.

Mittlerweile weißt du ja, wie wichtig ein Swipe-File ist.

Und keine Sorge:

Mein Newsletter ist der beste Newsletter zum Thema Bloggen und Content-Business in Deutschland.

Du abonnierst also keinen Schrott, sondern den edelsten Stoff, den es im Internet zu diesem Thema gibt.

Das sage nicht ich.

Das sagen meine Leser.

Hier ein paar Testimonials meiner treuen Newsletter-Abonnenten:

*„Ich lese insgesamt nur 3 Newsletter. Deiner ist einer davon.“*

– Marijana Braune (dontwastebehappy.de)

*„Wir empfehlen dich unseren sämtlichen Kunden. Wir kennen keinen besseren Schreibratgeber.“*

– Katrin und Kerstin Positionierungscoaching (katrinundkerstin.de)

*„Für mich der einzig wahre Newsletter in Deutschland.“*

– Timo Eckhardt (onlinebusinesspodcast.de)

Was meinen Newsletter so besonders macht?

Es ist kein Newsletter.

Du bekommst jeden Tag keine „News“, sondern Weisheiten, die dich und dein Content-Business nach vorne bringen.

Mittlerweile gehört mein Newsletter zu den meistgeklauten Newslettern Deutschlands.

Andere klauen regelmäßig Texte und Ideen aus meinen E-Mails.

Wenn du wissen willst warum, dann schließe dich tausenden schlauen Menschen an, die täglich meinen Stoff lesen.

Hier lang:

https://www.schreibsuchti.de/vorlagen/

Wir lesen uns.

Schreib großartig, sei großartig,

Dein Walter

Printed in Poland
by Amazon Fulfillment
Poland Sp. z o.o., Wrocław

13605442R00051